TWO YEAR

MONTHLY PLANNER

2021 - 2022

PERSONAL INFORMATION

NAME
_____

ADDRESS
_____

NAME
_____

PHONE
_____

EMAIL
_____

EMERGENCY CONTACTS

NAME
_____

RELATIONSHIP
_____

CONTACT DETAILS
_____

NAME
_____

RELATIONSHIP
_____

CONTACT DETAILS
_____

NAME
_____

RELATIONSHIP
_____

CONTACT DETAILS
_____

CONTACTS

Name

Address

City · · · · · · · · · · State · · · · · · · · · · Zip

Phone

Email

Birthday

Name

Address

City · · · · · · · · · · State · · · · · · · · · · Zip

Phone

Email

Birthday

Name

Address

City · · · · · · · · · · State · · · · · · · · · · Zip

Phone

Email

Birthday

Name

Address

City · · · · · · · · · · State · · · · · · · · · · Zip

Phone

Email

Birthday

Name

Address

City · · · · · · · · · · State · · · · · · · · · · Zip

Phone

Email

Birthday

Name

Address

City · · · · · · · · · · State · · · · · · · · · · Zip

Phone

Email

Birthday

Name

Address

City · · · · · · · · · · State · · · · · · · · · · Zip

Phone

Email

Birthday

Name

Address

City · · · · · · · · · · State · · · · · · · · · · Zip

Phone

Email

Birthday

CONTACTS

Name

Address

City   State   Zip

Phone

Email

Birthday

Name

Address

City   State   Zip

Phone

Email

Birthday

Name

Address

City   State   Zip

Phone

Email

Birthday

Name

Address

City   State   Zip

Phone

Email

Birthday

Name

Address

City   State   Zip

Phone

Email

Birthday

Name

Address

City   State   Zip

Phone

Email

Birthday

Name

Address

City   State   Zip

Phone

Email

Birthday

Name

Address

City   State   Zip

Phone

Email

Birthday

CONTACTS

Name

Address

City   State   Zip

Phone

Email

Birthday

Name

Address

City   State   Zip

Phone

Email

Birthday

Name

Address

City   State   Zip

Phone

Email

Birthday

Name

Address

City   State   Zip

Phone

Email

Birthday

Name

Address

City   State   Zip

Phone

Email

Birthday

Name

Address

City   State   Zip

Phone

Email

Birthday

Name

Address

City   State   Zip

Phone

Email

Birthday

Name

Address

City   State   Zip

Phone

Email

Birthday

CONTACTS

Name

Address

City   State   Zip

Phone

Email

Birthday

Name

Address

City   State   Zip

Phone

Email

Birthday

Name

Address

City   State   Zip

Phone

Email

Birthday

Name

Address

City   State   Zip

Phone

Email

Birthday

Name

Address

City   State   Zip

Phone

Email

Birthday

Name

Address

City   State   Zip

Phone

Email

Birthday

Name

Address

City   State   Zip

Phone

Email

Birthday

Name

Address

City   State   Zip

Phone

Email

Birthday

2021

2021

January

S	M	T	W	T	F	S
					1	2
3	4	5	6	7	8	9
10	11	12	13	14	15	16
17	18	19	20	21	22	23
24	25	26	27	28	29	30
31						

February

S	M	T	W	T	F	S
	1	2	3	4	5	6
7	8	9	10	11	12	13
14	15	16	17	18	19	20
21	22	23	24	25	26	27
28						

March

S	M	T	W	T	F	S
	1	2	3	4	5	6
7	8	9	10	11	12	13
14	15	16	17	18	19	20
21	22	23	24	25	26	27
28	29	30	31			

April

S	M	T	W	T	F	S
				1	2	3
4	5	6	7	8	9	10
11	12	13	14	15	16	17
18	19	20	21	22	23	24
25	26	27	28	29	30	

May

S	M	T	W	T	F	S
						1
2	3	4	5	6	7	8
9	10	11	12	13	14	15
16	17	18	19	20	21	22
23	24	25	26	27	28	29
30	31					

June

S	M	T	W	T	F	S
		1	2	3	4	5
6	7	8	9	10	11	12
13	14	15	16	17	18	19
20	21	22	23	24	25	26
27	28	29	30			

July

S	M	T	W	T	F	S
				1	2	3
4	5	6	7	8	9	10
11	12	13	14	15	16	17
18	19	20	21	22	23	24
25	26	27	28	29	30	31

August

S	M	T	W	T	F	S
1	2	3	4	5	6	7
8	9	10	11	12	13	14
15	16	17	18	19	20	21
22	23	24	25	26	27	28
29	30	31				

September

S	M	T	W	T	F	S
			1	2	3	4
5	6	7	8	9	10	11
12	13	14	15	16	17	18
19	20	21	22	23	24	25
26	27	28	29	30		

October

S	M	T	W	T	F	S
					1	2
3	4	5	6	7	8	9
10	11	12	13	14	15	16
17	18	19	20	21	22	23
24	25	26	27	28	29	30
31						

November

S	M	T	W	T	F	S
	1	2	3	4	5	6
7	8	9	10	11	12	13
14	15	16	17	18	19	20
21	22	23	24	25	26	27
28	29	30				

December

S	M	T	W	T	F	S
			1	2	3	4
5	6	7	8	9	10	11
12	13	14	15	16	17	18
19	20	21	22	23	24	25
26	27	28	29	30	31	

YEAR AT A GLANCE

January	February	March

April	May	June

_____

_____

_____

_____

_____

2021

July	August	September

October	November	December

_____

_____

_____

_____

_____

_____

GOALS AND DREAMS
2021

JANUARY

S	M	T	W	T	F	S
					1	2
3	4	5	6	7	8	9
10	11	12	13	14	15	16
17	18	19	20	21	22	23
24	25	26	27	28	29	30
31						

GOALS

Birthdays and Anniversaries

MONTHLY BUDGET

2021

Initial Balance

INCOME

Date	Description	Amount

FIXED EXPENSES

Date	Description	Amount

OTHER EXPENSES

Date	Description	Amount

Total Income	
Total Fixed Expenses	
Total Other Expenses	
Net Balance	

JANUARY

SUNDAY	MONDAY	TUESDAY	WEDNESDAY
3	4	5	6
10	11	12	13
17	18	19	20
24	25	26	27
31	**Notes**		

TO DO

THURSDAY	FRIDAY	SATURDAY	
	1	2	
7	8	9	
14	15	16	
21	22	23	
28	29	30	

December 2020

S	M	T	W	T	F	S
		1	2	3	4	5
6	7	8	9	10	11	12
13	14	15	16	17	18	19
20	21	22	23	24	25	26
27	28	29	30	31		

February

S	M	T	W	T	F	S
	1	2	3	4	5	6
7	8	9	10	11	12	13
14	15	16	17	18	19	20
21	22	23	24	25	26	27
28						

FEBRUARY

S	M	T	W	T	F	S
	1	2	3	4	5	6
7	8	9	10	11	12	13
14	15	16	17	18	19	20
21	22	23	24	25	26	27
28						

GOALS

Birthdays and Anniversaries

MONTHLY BUDGET

2021

Initial Balance

INCOME

Date	Description	Amount

FIXED EXPENSES

Date	Description	Amount

OTHER EXPENSES

Date	Description	Amount

Total Income	
Total Fixed Expenses	
Total Other Expenses	
Net Balance	

FEBRUARY

SUNDAY	MONDAY	TUESDAY	WEDNESDAY
	1	2	3
7	8	9	10
14	15	16	17
21	22	23	24
28			

Notes

2021

TO DO

THURSDAY	FRIDAY	SATURDAY	
4	5	6	
11	12	13	
18	19	20	
25	26	27	

January

S	M	T	W	T	F	S
					1	2
3	4	5	6	7	8	9
10	11	12	13	14	15	16
17	18	19	20	21	22	23
24	25	26	27	28	29	30
31						

March

S	M	T	W	T	F	S
	1	2	3	4	5	6
7	8	9	10	11	12	13
14	15	16	17	18	19	20
21	22	23	24	25	26	27
28	29	30	31			

MARCH

S	M	T	W	T	F	S
	1	2	3	4	5	6
7	8	9	10	11	12	13
14	15	16	17	18	19	20
21	22	23	24	25	26	27
28	29	30	31			

GOALS

Birthdays and Anniversaries

MONTHLY BUDGET

2021

Initial Balance

INCOME

Date	Description	Amount

FIXED EXPENSES

Date	Description	Amount

OTHER EXPENSES

Date	Description	Amount

Total Income	
Total Fixed Expenses	
Total Other Expenses	
Net Balance	

MARCH

SUNDAY	MONDAY	TUESDAY	WEDNESDAY
	1	2	3
7	8	9	10
14	15	16	17
21	22	23	24
28	29	30	31

Notes

TO DO

THURSDAY	FRIDAY	SATURDAY	
4	5	6	
11	12	13	
18	19	20	
25	26	27	

February

S	M	T	W	T	F	S
	1	2	3	4	5	6
7	8	9	10	11	12	13
14	15	16	17	18	19	20
21	22	23	24	25	26	27
28						

April

S	M	T	W	T	F	S
				1	2	3
4	5	6	7	8	9	10
11	12	13	14	15	16	17
18	19	20	21	22	23	24
25	26	27	28	29	30	

APRIL

S	M	T	W	T	F	S
				1	2	3
4	5	6	7	8	9	10
11	12	13	14	15	16	17
18	19	20	21	22	23	24
25	26	27	28	29	30	

GOALS

Birthdays and Anniversaries

MONTHLY BUDGET   2021

Initial Balance

INCOME

Date	Description	Amount

FIXED EXPENSES

Date	Description	Amount

OTHER EXPENSES

Date	Description	Amount

Total Income

Total Fixed Expenses

Total Other Expenses

Net Balance

APRIL

SUNDAY	MONDAY	TUESDAY	WEDNESDAY
4	5	6	7
11	12	13	14
18	19	20	21
25	26	27	28

Notes

THURSDAY	FRIDAY	SATURDAY	TO DO
1	2	3	
8	9	10	
15	16	17	
22	23	24	
29	30		

March

S	M	T	W	T	F	S
	1	2	3	4	5	6
7	8	9	10	11	12	13
14	15	16	17	18	19	20
21	22	23	24	25	26	27
28	29	30	31			

May

S	M	T	W	T	F	S
						1
2	3	4	5	6	7	8
9	10	11	12	13	14	15
16	17	18	19	20	21	22
23	24	25	26	27	28	29
30	31					

MAY

S	M	T	W	T	F	S
						1
2	3	4	5	6	7	8
9	10	11	12	13	14	15
16	17	18	19	20	21	22
23	24	25	26	27	28	29
30	31					

GOALS

Birthdays and Anniversaries

MONTHLY BUDGET

2021

Initial Balance

INCOME

Date	Description	Amount

FIXED EXPENSES

Date	Description	Amount

OTHER EXPENSES

Date	Description	Amount

Total Income	
Total Fixed Expenses	
Total Other Expenses	
Net Balance	

MAY

SUNDAY	MONDAY	TUESDAY	WEDNESDAY
2	3	4	5
9	10	11	12
16	17	18	19
23	24	25	26
30	31	**Notes**	

2021

TO DO

THURSDAY	FRIDAY	SATURDAY
		1
6	7	8
13	14	15
20	21	22
27	28	29

April

S	M	T	W	T	F	S
				1	2	3
4	5	6	7	8	9	10
11	12	13	14	15	16	17
18	19	20	21	22	23	24
25	26	27	28	29	30	

June

S	M	T	W	T	F	S
		1	2	3	4	5
6	7	8	9	10	11	12
13	14	15	16	17	18	19
20	21	22	23	24	25	26
27	28	29	30			

Today
I CHOOSE
Joy

JUNE

S	M	T	W	T	F	S
		1	2	3	4	5
6	7	8	9	10	11	12
13	14	15	16	17	18	19
20	21	22	23	24	25	26
27	28	29	30			

GOALS

Birthdays and Anniversaries

MONTHLY BUDGET

2021

Initial Balance

INCOME

Date	Description	Amount

FIXED EXPENSES

Date	Description	Amount

OTHER EXPENSES

Date	Description	Amount

Total Income	
Total Fixed Expenses	
Total Other Expenses	
Net Balance	

JUNE

SUNDAY	MONDAY	TUESDAY	WEDNESDAY
		1	2
6	7	8	9
13	14	15	16
20	21	22	23
27	28	29	30

Notes

TO DO

THURSDAY	FRIDAY	SATURDAY
3	4	5
10	11	12
17	18	19
24	25	26

May

S	M	T	W	T	F	S
						1
2	3	4	5	6	7	8
9	10	11	12	13	14	15
16	17	18	19	20	21	22
23	24	25	26	27	28	29
30	31					

July

S	M	T	W	T	F	S
				1	2	3
4	5	6	7	8	9	10
11	12	13	14	15	16	17
18	19	20	21	22	23	24
25	26	27	28	29	30	31

JULY

S	M	T	W	T	F	S
				1	2	3
4	5	6	7	8	9	10
11	12	13	14	15	16	17
18	19	20	21	22	23	24
25	26	27	28	29	30	31

GOALS

Birthdays and Anniversaries

MONTHLY BUDGET

2021

Initial Balance

INCOME

Date	Description	Amount

FIXED EXPENSES

Date	Description	Amount

OTHER EXPENSES

Date	Description	Amount

Total Income	
Total Fixed Expenses	
Total Other Expenses	
Net Balance	

JULY

SUNDAY	MONDAY	TUESDAY	WEDNESDAY
4	5	6	7
11	12	13	14
18	19	20	21
25	26	27	28

Notes

THURSDAY	FRIDAY	SATURDAY	TO DO
1	2	3	
8	9	10	
15	16	17	
22	23	24	
29	30	31	

June

S	M	T	W	T	F	S
		1	2	3	4	5
6	7	8	9	10	11	12
13	14	15	16	17	18	19
20	21	22	23	24	25	26
27	28	29	30			

August

S	M	T	W	T	F	S
1	2	3	4	5	6	7
8	9	10	11	12	13	14
15	16	17	18	19	20	21
22	23	24	25	26	27	28
29	30	31				

AUGUST

S	M	T	W	T	F	S
1	2	3	4	5	6	7
8	9	10	11	12	13	14
15	16	17	18	19	20	21
22	23	24	25	26	27	28
29	30	31				

GOALS

Birthdays and Anniversaries

MONTHLY BUDGET

2021

Initial Balance

INCOME

Date	Description	Amount

FIXED EXPENSES

Date	Description	Amount

OTHER EXPENSES

Date	Description	Amount

Total Income

Total Fixed Expenses

Total Other Expenses

Net Balance

AUGUST

SUNDAY	MONDAY	TUESDAY	WEDNESDAY
1	2	3	4
8	9	10	11
15	16	17	18
22	23	24	25
29	30	31	

Notes

THURSDAY	FRIDAY	SATURDAY	TO DO
5	6	7	
12	13	14	
19	20	21	
26	27	28	

July

S	M	T	W	T	F	S
				1	2	3
4	5	6	7	8	9	10
11	12	13	14	15	16	17
18	19	20	21	22	23	24
25	26	27	28	29	30	31

September

S	M	T	W	T	F	S
			1	2	3	4
5	6	7	8	9	10	11
12	13	14	15	16	17	18
19	20	21	22	23	24	25
26	27	28	29	30		

SEPTEMBER

Important this Month:

S	M	T	W	T	F	S
			1	2	3	4
5	6	7	8	9	10	11
12	13	14	15	16	17	18
19	20	21	22	23	24	25
26	27	28	29	30		

GOALS

Birthdays and Anniversaries

MONTHLY BUDGET

2021

Initial Balance

INCOME

Date	Description	Amount

FIXED EXPENSES

Date	Description	Amount

OTHER EXPENSES

Date	Description	Amount

Total Income	
Total Fixed Expenses	
Total Other Expenses	
Net Balance	

SEPTEMBER

SUNDAY	MONDAY	TUESDAY	WEDNESDAY
			1
5	6	7	8
12	13	14	15
19	20	21	22
26	27	28	29

Notes

2021

TO DO

THURSDAY	FRIDAY	SATURDAY	
2	3	4	
9	10	11	
16	17	18	
23	24	25	
30			

August

S	M	T	W	T	F	S
1	2	3	4	5	6	7
8	9	10	11	12	13	14
15	16	17	18	19	20	21
22	23	24	25	26	27	28
29	30	31				

October

S	M	T	W	T	F	S
					1	2
3	4	5	6	7	8	9
10	11	12	13	14	15	16
17	18	19	20	21	22	23
24	25	26	27	28	29	30
31						

DON'T quit your "Daydream"

OCTOBER

S	M	T	W	T	F	S
					1	2
3	4	5	6	7	8	9
10	11	12	13	14	15	16
17	18	19	20	21	22	23
24	25	26	27	28	29	30
31						

GOALS

Birthdays and Anniversaries

MONTHLY BUDGET

2021

Initial Balance

INCOME

Date	Description	Amount

FIXED EXPENSES

Date	Description	Amount

OTHER EXPENSES

Date	Description	Amount

Total Income	
Total Fixed Expenses	
Total Other Expenses	
Net Balance	

OCTOBER

SUNDAY	MONDAY	TUESDAY	WEDNESDAY
3	4	5	6
10	11	12	13
17	18	19	20
24	25	26	27
31	**Notes**		

2021

TO DO

THURSDAY	FRIDAY	SATURDAY	
1	2	3	
7	8	9	
14	15	16	
21	22	23	
28	29	30	

September

S	M	T	W	T	F	S
			1	2	3	4
5	6	7	8	9	10	11
12	13	14	15	16	17	18
19	20	21	22	23	24	25
26	27	28	29	30		

November

S	M	T	W	T	F	S
	1	2	3	4	5	6
7	8	9	10	11	12	13
14	15	16	17	18	19	20
21	22	23	24	25	26	27
28	29	30				

NOVEMBER

Important this Month:

S	M	T	W	T	F	S
	1	2	3	4	5	6
7	8	9	10	11	12	13
14	15	16	17	18	19	20
21	22	23	24	25	26	27
28	29	30				

GOALS

Birthdays and Anniversaries

MONTHLY BUDGET

2021

Initial Balance

INCOME

Date	Description	Amount

FIXED EXPENSES

Date	Description	Amount

OTHER EXPENSES

Date	Description	Amount

Total Income	
Total Fixed Expenses	
Total Other Expenses	
Net Balance	

NOVEMBER

SUNDAY	MONDAY	TUESDAY	WEDNESDAY
	1	2	3
7	8	9	10
14	15	16	17
21	22	23	24
28	29	30	

Notes

TO DO

THURSDAY	FRIDAY	SATURDAY	
4	5	6	
11	12	13	
18	19	20	
25	26	27	

October

S	M	T	W	T	F	S
					1	2
3	4	5	6	7	8	9
10	11	12	13	14	15	16
17	18	19	20	21	22	23
24	25	26	27	28	29	30
31						

December

S	M	T	W	T	F	S
			1	2	3	4
5	6	7	8	9	10	11
12	13	14	15	16	17	18
19	20	21	22	23	24	25
26	27	28	29	30	31	

DECEMBER

Important this Month:

S	M	T	W	T	F	S
			1	2	3	4
5	6	7	8	9	10	11
12	13	14	15	16	17	18
19	20	21	22	23	24	25
26	27	28	29	30	31	

GOALS

Birthdays and Anniversaries

MONTHLY BUDGET

2021

Initial Balance

INCOME

Date	Description	Amount

FIXED EXPENSES

Date	Description	Amount

OTHER EXPENSES

Date	Description	Amount

Total Income	
Total Fixed Expenses	
Total Other Expenses	
Net Balance	

DECEMBER

SUNDAY	MONDAY	TUESDAY	WEDNESDAY
			1
5	6	7	8
12	13	14	15
19	20	21	22
26	27	28	29

Notes

2021

TO DO

THURSDAY	FRIDAY	SATURDAY	
2	3	4	
9	10	11	
16	17	18	
23	24	25	
30	31		

November

S	M	T	W	T	F	S
	1	2	3	4	5	6
7	8	9	10	11	12	13
14	15	16	17	18	19	20
21	22	23	24	25	26	27
28	29	30				

January 2022

S	M	T	W	T	F	S
						1
2	3	4	5	6	7	8
9	10	11	12	13	14	15
16	17	18	19	20	21	22
23	24	25	26	27	28	29
30	31					

2022

2022

January

S	M	T	W	T	F	S
						1
2	3	4	5	6	7	8
9	10	11	12	13	14	15
16	17	18	19	20	21	22
23	24	25	26	27	28	29
30	31					

February

S	M	T	W	T	F	S
		1	2	3	4	5
6	7	8	9	10	11	12
13	14	15	16	17	18	19
20	21	22	23	24	25	26
27	28					

March

S	M	T	W	T	F	S
		1	2	3	4	5
6	7	8	9	10	11	12
13	14	15	16	17	18	19
20	21	22	23	24	25	26
27	28	29	30	31		

April

S	M	T	W	T	F	S
					1	2
3	4	5	6	7	8	9
10	11	12	13	14	15	16
17	18	19	20	21	22	23
24	25	26	27	28	29	30

May

S	M	T	W	T	F	S
1	2	3	4	5	6	7
8	9	10	11	12	13	14
15	16	17	18	19	20	21
22	23	24	25	26	27	28
29	30	31				

June

S	M	T	W	T	F	S
			1	2	3	4
5	6	7	8	9	10	11
12	13	14	15	16	17	18
19	20	21	22	23	24	25
26	27	28	29	30		

July

S	M	T	W	T	F	S
					1	2
3	4	5	6	7	8	9
10	11	12	13	14	15	16
17	18	19	20	21	22	23
24	25	26	27	28	29	30
31						

August

S	M	T	W	T	F	S
	1	2	3	4	5	6
7	8	9	10	11	12	13
14	15	16	17	18	19	20
21	22	23	24	25	26	27
28	29	30	31			

September

S	M	T	W	T	F	S
				1	2	3
4	5	6	7	8	9	10
11	12	13	14	15	16	17
18	19	20	21	22	23	24
25	26	27	28	29	30	

October

S	M	T	W	T	F	S
						1
2	3	4	5	6	7	8
9	10	11	12	13	14	15
16	17	18	19	20	21	22
23	24	25	26	27	28	29
30	31					

November

S	M	T	W	T	F	S
		1	2	3	4	5
6	7	8	9	10	11	12
13	14	15	16	17	18	19
20	21	22	23	24	25	26
27	28	29	30			

December

S	M	T	W	T	F	S
				1	2	3
4	5	6	7	8	9	10
11	12	13	14	15	16	17
18	19	20	21	22	23	24
25	26	27	28	29	30	31

YEAR AT A GLANCE

January	February	March
April	**May**	**June**

_____

_____

_____

_____

_____

_____

2022

July	August	September

October	November	December

_____

_____

_____

_____

_____

_____

GOALS AND DREAMS
2022

make today AMAZING

JANUARY

S	M	T	W	T	F	S
						1
2	3	4	5	6	7	8
9	10	11	12	13	14	15
16	17	18	19	20	21	22
23	24	25	26	27	28	29
30	31					

GOALS

Birthdays and Anniversaries

MONTHLY BUDGET

2022

Initial Balance

INCOME

Date	Description	Amount

FIXED EXPENSES

Date	Description	Amount

OTHER EXPENSES

Date	Description	Amount

Total Income	
Total Fixed Expenses	
Total Other Expenses	
Net Balance	

JANUARY

SUNDAY	MONDAY	TUESDAY	WEDNESDAY
2	3	4	5
9	10	11	12
16	17	18	19
23	24	25	26
30	31	**Notes**	

TO DO

THURSDAY	FRIDAY	SATURDAY	
		1	
6	7	8	
13	14	15	
20	21	22	
27	28	29	

December 2021

S	M	T	W	T	F	S
			1	2	3	4
5	6	7	8	9	10	11
12	13	14	15	16	17	18
19	20	21	22	23	24	25
26	27	28	29	30	31	

February

S	M	T	W	T	F	S
		1	2	3	4	5
6	7	8	9	10	11	12
13	14	15	16	17	18	19
20	21	22	23	24	25	26
27	28					

FEBRUARY

S	M	T	W	T	F	S
		1	2	3	4	5
6	7	8	9	10	11	12
13	14	15	16	17	18	19
20	21	22	23	24	25	26
27	28					

GOALS

Birthdays and Anniversaries

MONTHLY BUDGET

2022

Initial Balance

INCOME

Date	Description	Amount

FIXED EXPENSES

Date	Description	Amount

OTHER EXPENSES

Date	Description	Amount

Total Income	
Total Fixed Expenses	
Total Other Expenses	
Net Balance	

FEBRUARY

SUNDAY	MONDAY	TUESDAY	WEDNESDAY
		1	2
6	7	8	9
13	14	15	16
20	21	22	23
27	28		

Notes

2022

TO DO

THURSDAY	FRIDAY	SATURDAY	
3	4	5	
10	11	12	
17	18	19	
24	25	26	

January

S	M	T	W	T	F	S
						1
2	3	4	5	6	7	8
9	10	11	12	13	14	15
16	17	18	19	20	21	22
23	24	25	26	27	28	29
30	31					

March

S	M	T	W	T	F	S
		1	2	3	4	5
6	7	8	9	10	11	12
13	14	15	16	17	18	19
20	21	22	23	24	25	26
27	28	29	30	31		

MARCH

S	M	T	W	T	F	S
		1	2	3	4	5
6	7	8	9	10	11	12
13	14	15	16	17	18	19
20	21	22	23	24	25	26
27	28	29	30	31		

GOALS

Birthdays and Anniversaries

MONTHLY BUDGET

2022

Initial Balance

INCOME

Date	Description	Amount

FIXED EXPENSES

Date	Description	Amount

OTHER EXPENSES

Date	Description	Amount

Total Income	
Total Fixed Expenses	
Total Other Expenses	
Net Balance	

MARCH

SUNDAY	MONDAY	TUESDAY	WEDNESDAY
		1	2
6	7	8	9
13	14	15	16
20	21	22	23
27	28	29	30

Notes

2022

TO DO

THURSDAY	FRIDAY	SATURDAY	
3	4	5	
10	11	12	
17	18	19	
24	25	26	
31			

February

S	M	T	W	T	F	S
		1	2	3	4	5
6	7	8	9	10	11	12
13	14	15	16	17	18	19
20	21	22	23	24	25	26
27	28					

April

S	M	T	W	T	F	S
					1	2
3	4	5	6	7	8	9
10	11	12	13	14	15	16
17	18	19	20	21	22	23
24	25	26	27	28	29	30

YOU ARE

Stronger

THAN

YOU THINK

APRIL

S	M	T	W	T	F	S
					1	2
3	4	5	6	7	8	9
10	11	12	13	14	15	16
17	18	19	20	21	22	23
24	25	26	27	28	29	30

GOALS

Birthdays and Anniversaries

MONTHLY BUDGET

Initial Balance

INCOME

Date	Description	Amount

FIXED EXPENSES

Date	Description	Amount

OTHER EXPENSES

Date	Description	Amount

Total Income	
Total Fixed Expenses	
Total Other Expenses	
Net Balance	

APRIL

SUNDAY	MONDAY	TUESDAY	WEDNESDAY
3	4	5	6
10	11	12	13
17	18	19	20
24	25	26	27

Notes

THURSDAY	FRIDAY	SATURDAY	TO DO
	1	2	
7	8	9	
14	15	16	
21	22	23	
28	29	30	

March

S	M	T	W	T	F	S
		1	2	3	4	5
6	7	8	9	10	11	12
13	14	15	16	17	18	19
20	21	22	23	24	25	26
27	28	29	30	31		

May

S	M	T	W	T	F	S
1	2	3	4	5	6	7
8	9	10	11	12	13	14
15	16	17	18	19	20	21
22	23	24	25	26	27	28
29	30	31				

MAY

S	M	T	W	T	F	S
1	2	3	4	5	6	7
8	9	10	11	12	13	14
15	16	17	18	19	20	21
22	23	24	25	26	27	28
29	30	31				

GOALS

Birthdays and Anniversaries

MONTHLY BUDGET

2022

Initial Balance

INCOME

Date	Description	Amount

FIXED EXPENSES

Date	Description	Amount

OTHER EXPENSES

Date	Description	Amount

Total Income	
Total Fixed Expenses	
Total Other Expenses	
Net Balance	

MAY

SUNDAY	MONDAY	TUESDAY	WEDNESDAY
1	2	3	4
8	9	10	11
15	16	17	18
22	23	24	25
29	30	31	

Notes

2022

TO DO

THURSDAY	FRIDAY	SATURDAY	
5	6	7	
12	13	14	
19	20	21	
26	27	28	

April

S	M	T	W	T	F	S
					1	2
3	4	5	6	7	8	9
10	11	12	13	14	15	16
17	18	19	20	21	22	23
24	25	26	27	28	29	30

June

S	M	T	W	T	F	S
			1	2	3	4
5	6	7	8	9	10	11
12	13	14	15	16	17	18
19	20	21	22	23	24	25
26	27	28	29	30		

JUNE

S	M	T	W	T	F	S
			1	2	3	4
5	6	7	8	9	10	11
12	13	14	15	16	17	18
19	20	21	22	23	24	25
26	27	28	29	30		

GOALS

Birthdays and Anniversaries

MONTHLY BUDGET

2022

Initial Balance

INCOME

Date	Description	Amount

FIXED EXPENSES

Date	Description	Amount

OTHER EXPENSES

Date	Description	Amount

Total Income	
Total Fixed Expenses	
Total Other Expenses	
Net Balance	

JUNE

SUNDAY	MONDAY	TUESDAY	WEDNESDAY
			1
5	6	7	8
12	13	14	15
19	20	21	22
26	27	28	29

Notes

THURSDAY	FRIDAY	SATURDAY	TO DO
2	3	4	
9	10	11	
16	17	18	
23	24	25	
30			

May

S	M	T	W	T	F	S
1	2	3	4	5	6	7
8	9	10	11	12	13	14
15	16	17	18	19	20	21
22	23	24	25	26	27	28
29	30	31				

July

S	M	T	W	T	F	S
					1	2
3	4	5	6	7	8	9
10	11	12	13	14	15	16
17	18	19	20	21	22	23
24	25	26	27	28	29	30
31						

Be
STRONGER
THAN YOUR
EXCUSES

JULY

S	M	T	W	T	F	S
					1	2
3	4	5	6	7	8	9
10	11	12	13	14	15	16
17	18	19	20	21	22	23
24	25	26	27	28	29	30
31						

GOALS

Birthdays and Anniversaries

MONTHLY BUDGET

2022

Initial Balance

INCOME

Date	Description	Amount

FIXED EXPENSES

Date	Description	Amount

OTHER EXPENSES

Date	Description	Amount

Total Income	
Total Fixed Expenses	
Total Other Expenses	
Net Balance	

JULY

SUNDAY	MONDAY	TUESDAY	WEDNESDAY
3	4	5	6
10	11	12	13
17	18	19	20
24	25	26	27
31	**Notes**		

TO DO

THURSDAY	FRIDAY	SATURDAY	
	1	2	
7	8	9	
14	15	16	
21	22	23	
28	29	30	

June

S	M	T	W	T	F	S
			1	2	3	4
5	6	7	8	9	10	11
12	13	14	15	16	17	18
19	20	21	22	23	24	25
26	27	28	29	30		

August

S	M	T	W	T	F	S
	1	2	3	4	5	6
7	8	9	10	11	12	13
14	15	16	17	18	19	20
21	22	23	24	25	26	27
28	29	30	31			

AUGUST

S	M	T	W	T	F	S
	1	2	3	4	5	6
7	8	9	10	11	12	13
14	15	16	17	18	19	20
21	22	23	24	25	26	27
28	29	30	31			

GOALS

Birthdays and Anniversaries

MONTHLY BUDGET

2022

Initial Balance

INCOME

Date	Description	Amount

FIXED EXPENSES

Date	Description	Amount

OTHER EXPENSES

Date	Description	Amount

Total Income	
Total Fixed Expenses	
Total Other Expenses	
Net Balance	

AUGUST

SUNDAY	MONDAY	TUESDAY	WEDNESDAY
	1	2	3
7	8	9	10
14	15	16	17
21	22	23	24
28	29	30	31

Notes

2022

TO DO

THURSDAY	FRIDAY	SATURDAY	
4	5	6	
11	12	13	
18	19	20	
25	26	27	

July

S	M	T	W	T	F	S
					1	2
3	4	5	6	7	8	9
10	11	12	13	14	15	16
17	18	19	20	21	22	23
24	25	26	27	28	29	30
31						

September

S	M	T	W	T	F	S
				1	2	3
4	5	6	7	8	9	10
11	12	13	14	15	16	17
18	19	20	21	22	23	24
25	26	27	28	29	30	

SEPTEMBER

S	M	T	W	T	F	S
				1	2	3
4	5	6	7	8	9	10
11	12	13	14	15	16	17
18	19	20	21	22	23	24
25	26	27	28	29	30	

GOALS

Birthdays and Anniversaries

MONTHLY BUDGET

2022

Initial Balance

INCOME

Date	Description	Amount

FIXED EXPENSES

Date	Description	Amount

OTHER EXPENSES

Date	Description	Amount

Total Income	
Total Fixed Expenses	
Total Other Expenses	
Net Balance	

SEPTEMBER

SUNDAY	MONDAY	TUESDAY	WEDNESDAY
4	5	6	7
11	12	13	14
18	19	20	21
25	26	27	28

Notes

TO DO

THURSDAY	FRIDAY	SATURDAY	
1	2	3	
8	9	10	
15	16	17	
22	23	24	
29	30		

August

S	M	T	W	T	F	S
	1	2	3	4	5	6
7	8	9	10	11	12	13
14	15	16	17	18	19	20
21	22	23	24	25	26	27
28	29	30	31			

October

S	M	T	W	T	F	S
						1
2	3	4	5	6	7	8
9	10	11	12	13	14	15
16	17	18	19	20	21	22
23	24	25	26	27	28	29
30	31					

OCTOBER

S	M	T	W	T	F	S
						1
2	3	4	5	6	7	8
9	10	11	12	13	14	15
16	17	18	19	20	21	22
23	24	25	26	27	28	29
30	31					

GOALS

Birthdays and Anniversaries

MONTHLY BUDGET

2022

Initial Balance

INCOME

Date	Description	Amount

FIXED EXPENSES

Date	Description	Amount

OTHER EXPENSES

Date	Description	Amount

Total Income	
Total Fixed Expenses	
Total Other Expenses	
Net Balance	

OCTOBER

SUNDAY	MONDAY	TUESDAY	WEDNESDAY
2	3	4	5
9	10	11	12
16	17	18	19
23	24	25	26
30	31	**Notes**	

THURSDAY	FRIDAY	SATURDAY	TO DO
		1	
6	7	8	
13	14	15	
20	21	22	
27	28	29	

September

S	M	T	W	T	F	S
				1	2	3
4	5	6	7	8	9	10
11	12	13	14	15	16	17
18	19	20	21	22	23	24
25	26	27	28	29	30	

November

S	M	T	W	T	F	S
		1	2	3	4	5
6	7	8	9	10	11	12
13	14	15	16	17	18	19
20	21	22	23	24	25	26
27	28	29	30			

NOVEMBER

Important this Month:

S	M	T	W	T	F	S
		1	2	3	4	5
6	7	8	9	10	11	12
13	14	15	16	17	18	19
20	21	22	23	24	25	26
27	28	29	30			

GOALS

Birthdays and Anniversaries

MONTHLY BUDGET   2022

Initial Balance

INCOME

Date	Description	Amount

FIXED EXPENSES

Date	Description	Amount

OTHER EXPENSES

Date	Description	Amount

Total Income	
Total Fixed Expenses	
Total Other Expenses	
Net Balance	

NOVEMBER

SUNDAY	MONDAY	TUESDAY	WEDNESDAY
		1	2
6	7	8	9
13	14	15	16
20	21	22	23
27	28	29	30

Notes

THURSDAY	FRIDAY	SATURDAY	TO DO
3	4	5	
10	11	12	
17	18	19	
24	25	26	

October

S	M	T	W	T	F	S
						1
2	3	4	5	6	7	8
9	10	11	12	13	14	15
16	17	18	19	20	21	22
23	24	25	26	27	28	29
30	31					

December

S	M	T	W	T	F	S
				1	2	3
4	5	6	7	8	9	10
11	12	13	14	15	16	17
18	19	20	21	22	23	24
25	26	27	28	29	30	31

DECEMBER

S	M	T	W	T	F	S
				1	2	3
4	5	6	7	8	9	10
11	12	13	14	15	16	17
18	19	20	21	22	23	24
25	26	27	28	29	30	31

GOALS

Birthdays and Anniversaries

MONTHLY BUDGET

2022

Initial Balance

INCOME

Date	Description	Amount

FIXED EXPENSES

Date	Description	Amount

OTHER EXPENSES

Date	Description	Amount

Total Income	
Total Fixed Expenses	
Total Other Expenses	
Net Balance	

DECEMBER

SUNDAY	MONDAY	TUESDAY	WEDNESDAY
4	5	6	7
11	12	13	14
18	19	20	21
25	26	27	28

Notes

2022

TO DO

THURSDAY	FRIDAY	SATURDAY	
1	2	3	
8	9	10	
15	16	17	
22	23	24	
29	30	31	

November

S	M	T	W	T	F	S
		1	2	3	4	5
6	7	8	9	10	11	12
13	14	15	16	17	18	19
20	21	22	23	24	25	26
27	28	29	30			

January 2023

S	M	T	W	T	F	S
1	2	3	4	5	6	7
8	9	10	11	12	13	14
15	16	17	18	19	20	21
22	23	24	25	26	27	28
29	30	31				

NOTES

NOTES

NOTES

NOTES

NOTES

Made in the USA
Monee, IL
10 February 2022

91054494R00096